www.ingramcontent.com/pod-product-compliance
Lightning Source LLC
LaVergne TN
LVHW010559070526
838199LV00063BA/5012

گل افشانئ گفتار

(مجموعہ کلام)

نشور واحدی

© Taemeer Publications
Gul Afshani-e-Guftaar *(Poetry)*
by: Nishwar Wahidi
Edition: May '2023
Publisher & Printer:
Taemeer Publications, Hyderabad.

ISBN 978-93-5872-057-0
9 789358 720570

مصنف یاناشر کی پیشگی اجازت کے بغیر اس کتاب کا کوئی بھی حصہ کسی بھی شکل میں بشمول ویب سائٹ پر اَپ لوڈنگ کے لیے استعمال نہ کیا جائے۔ نیز اس کتاب پر کسی بھی قسم کے تنازع کو نمٹانے کا اختیار صرف حیدرآباد (تلنگانہ) کی عدلیہ کو ہوگا۔

© تعمیر پبلی کیشنز

کتاب	:	**گل افشانئ گفتار**
مصنف	:	**نشور واحدی**
صنف	:	شاعری
ناشر	:	تعمیر پبلی کیشنز (حیدرآباد، انڈیا)
زیر اہتمام	:	تعمیر ویب ڈیولپمنٹ، حیدرآباد
سالِ اشاعت	:	۲۰۲۳ء
تعداد	:	(پرنٹ آن ڈیمانڈ)
طابع	:	تعمیر پبلی کیشنز، حیدرآباد -۲۴
صفحات	:	۹۰
سرورق ڈیزائن	:	تعمیر ویب ڈیزائن

فہرست

#	عنوان	صفحہ
۱۔	رُخ بدلتے، راہ چلتے، گل عذاروں کو نہ چھیڑ	9
۲۔	سلسلہِ حسنِ تغافل کا وفا ہے یہ بھی	11
۳۔	ان سرمگیں آنکھوں میں آنسو ہیں مژگاں ہے	13
۴۔	ہم سایۂ مہتاب میں پالے بھی گئے ہیں	14
۵۔	کچھ زمانے کی ہوا یوں تیز تر ہوتی گئی	15
۶۔	تری عنایت سے چشمِ ساقی حیاتِ کا بانکپن ملا ہے	16
۷۔	نہ راستے کا پتا ہے نہ منزلوں کا نشاں ہے	18
۸۔	سب ہیں ادھر ہی حسن جدھر ہے	20
۹۔	اک مستِ ادا کی یاد سے ٹوٹا ہے خمارِ نیم شبی	22
۱۰۔	مری پلکوں کو اشکِ غم دل چھو نہیں سکتا	23
۱۱۔	عشق کی طبیعت میں سادہ پن سا ہوتا ہے	24
۱۲۔	نہ تبسم نہ تکلم نہ ادا ہوتی ہے	26
۱۳۔	ذوقِ غم بھی سائے عمرِ نو میں ڈھل گیا	26
۱۴۔	ایک شعر	28

۱۵۔ اپنی بھی داستانِ محبت یوں ہی چلی	۲۹
۱۶۔ کوئی سمجھا رموزِ دلبری کم	۳۱
۱۷۔ بتانِ دور سیاست سے ربط کم ہے یہاں	۳۲
۱۸۔ ہے میرے گناہوں پر رحمت کی گھٹا چھائی	۳۳
۱۹۔ اک کشمکش غم ہے اور شوق کی منزل ہے	۳۵
۲۰۔ شبِ غم مری شبِ غم سحر شام لوٹ آنا	۳۶
۲۱۔ جلووں کو سمیٹے ہوئے وہ نِکّے چلے کیوں	۳۸
۲۲۔ یہ طرزِ تغافل ہے یا حسنِ عنایت ہے	۳۹
۲۳۔ بار بار گلیوں میں غنچگی نہیں آتی	۴۰
۲۴۔ حسن کو دیکھا ہے اکثر تو نے عریانی پسند	۴۲
۲۵۔ شبِ خمارِ رنگ گہ یار تک آ پہنچی ہے	۴۳
۲۶۔ رنگ گلی کا اڑ چلے گل کا خمار چھوٹ جائے	۴۵
۲۷۔ کون ہیں ہم ایسے راہی کیا جانیں بے چارہ لوگ	۴۶
۲۸۔ غم زدہ ہوں مجھ کو ہے طرزِ سکون دل بہت	۴۷
۲۹۔ بیک نظر یہ حقیقت سمجھ میں آئی ہے	۴۸
۳۰۔ رہ جنوں و خرد تم نے روک رکھی ہے	۴۹
۳۱۔ جلوہ اپنی ذات کی رعنائیوں کا نام ہے	۵۰
۳۲۔ مشیّت	۵۲
۳۳۔ کل مے کدے نشہ کام سا ہے	۵۴
۳۴۔ نور قمر نے میرے لیے اک رشکِ قمر کو روک لیا ہے	۵۶
۳۵۔ سازِ شکستہ کیا ہے ابھی تم کو کیا خبر	۵۸

۳۶۔ غزل بر طرحِ غالب	۵۸
۳۷۔ یہ آنسو جو پلکوں پہ آئے ہوئے ہیں	۵۹
۳۸۔ یوں ہیں میرے شعروں میں جھلکیاں خیالوں کی	۶۰
۳۹۔ مرے کلام کو دانش کی اک سحر سمجھو	۶۱
۴۰۔ غزل بر طرحِ اقبال	۶۲
۴۱۔ ایک شعر	۶۴
۴۲۔ ایک وحشت دل اک حیرتِ غم	۶۵
۴۳۔ مرے غم کی کسک کچھ طلبِ شب میں پائی جاتی ہے	۶۶
۴۴۔ محفلیں سونی سی ہیں ہم بے قراروں کے بغیر	۶۷
۴۵۔ ہم اپنی کہانی کے علامات نہ سمجھے	۶۸
۴۶۔ غم نے تیرے شبِ غم دل کو سنبھلنے نہ دیا	۶۹
۴۷۔ قسمتِ زندگی کو روتے ہوئے	۷۰
۴۸۔ پھول بھی توڑ چکے روند چکے کلیوں کو	۷۱
۴۹۔ سمجھے گی دنیا بعد از زمانہ	۷۲
۵۰۔ بادہ و پیمانہ ہے مملکتِ خشک و تر	۷۳
۵۱۔ متفرق	۷۴
۵۲۔ سماج کا ایک رُخ	۷۵

۷۶	۵۳ متفرق
۷۷	۵۴ حرفِ مستی بہ ودیعِ لب بیگانہ سہی
۷۸	۵۵ حسن کی تنہائی
۷۹	۵۶ بہاریں ہیں تو پھر گلشن کھیلیں گے
۸۰	۵۷ رات کے گیسو کہ تک آتے ہیں
۸۱	۵۸ انتظارِ صبح میں ساقی نہ رکھ خالی یہ جام
۸۲	۵۹ یوں ہی قسمت کا یہ افسانہ رہے گا کچھ دن
۸۳	۶۰ اعتما د دوست ہے دشمن مرا
۸۴	۶۱ ہم بھی ہیں اُن جراَت ایجادوں کے بعد
۸۵	۶۲ تنہا نہیں ہوں وقت کی تنہا روی میں بھی
۸۶	۶۳ لرزشِ غم میں سکونِ دل کہاں
۸۷	۶۴ تیری رگوں کا لہو بھی چمن کے کام آئے
۸۸	۶۵ اے گوشہ نشینانِ زیارت گہِ تہذیب

○

رُخ بدلتے، راہ چلتے، گل عذاروں کو نہ چھیڑ
اے چمن نا آشنا رنگیں بہاروں کو نہ چھیڑ

لالۂ و گل میں بھی تجھ کو مسکرانا ہے مگر!
ہر چمن میں مسکرا کر غم کے ماروں کو نہ چھیڑ

شامِ غم ہے ماہ و انجم کی طرف مڑ کر نہ دیکھ
رات کی تاریکیوں میں چاند تاروں کو نہ چھیڑ

ہم نہ برگِ گل نہ شبنم نے خس و خارِ چمن
اے نسیمِ صبح جا، ہم خاک ساروں کو نہ چھیڑ

وہ کرم نا آشنا ہوں تو کرم فرما سمجھ
اک سہارا ٹوٹتا ہے اعتباروں کو نہ چھیڑ

کانپتے ہونٹوں سے ناداں نامِ رسوائی نہ لے
دل دھڑکتا ہو تو دامن کے کناروں کو نہ چھیڑ
سُن کے اشعارِ نشورؔ اے دوست تنقیدیں نہ کر
گرتے دریا ہیں یہ ظالم، آبشاروں کو نہ چھیڑ

○

سلسلہ حُسنِ تغافل کا وفا ہے یہ بھی
میں نے اک جانِ تمنا سے سنا ہے یہ بھی

صفحۂ شامِ الم پر یہ چراغوں کی لکیر
خونِ دل سے کوئی افسانہ لکھا ہے یہ بھی

کتنی افسردہ و بے کیف ہے صہبائے خودی
پھینک دے جام سے ساقی کہ دوا ہے یہ بھی

چشمِ نم کا یہ مسافر بھی تھکا راہی ہے
رات بھر چل کے تو پلکوں پہ رُکا ہے یہ بھی

ساقیا شام یہ کہتی ہے کہ اُٹھ جام بدست
بعد مدت کے تو اک وقت پڑا ہے یہ بھی

اب نہ نالے ہیں نہ شکوے ہیں نہ بیتابیٔ شوق
دل سے کچھ بات نہ کرنا کہ خفا ہے یہ بھی

زاہدِ کہنہ روا پر کبھی نہ ہنسنا اے دوست
ڈھونڈتے ڈھونڈتے کعبہ میں ملا ہے یہ بھی

آدمی بستۂ زنجیرِ تعلق ہے نشورؔ
زندگی نام ہے، تسلیم و رضا ہے یہ بھی

○

ان سُرمگیں آنکھوں میں آنسو پسِ مژگاں ہے
کچھ دور اندھیرا ہے کچھ دُور چراغاں ہے

پلکوں پہ اسے اے غم کچھ دیر لرزنے دے
یاں ایک ستارا ہے وہ بھی سرِ مژگاں ہے

اے گردِ رہِ دانش تو تیز قدم ہو جا
میں نکہتِ گلشن ہوں میرا سفر آساں ہے

شاعر کو نشورؔ آخر فرصت نہ ملی غم سے
یا زُلف پریشاں تھی یا فکر پریشاں ہے

○

ہم، سایۂ مہتاب میں پالے بھی گئے ہیں
اور کتنی بہاروں سے نکالے بھی گئے ہیں

رہبر ہی کا احسان نہیں راہِ جنوں پر
کچھ دُور مرے پانو کے چھالے بھی گئے ہیں

ہے جادۂ تخئیل میں اک چھانو سی اب بھی
اس راہ سے کچھ گیسوؤں والے بھی گئے ہیں

ہر سانس محبت کی ہے اک بوجھ الم کا
دیوار گری ہے تو سنبھالے بھی گئے ہیں

اشعار مرے سُن کے نشورؔ آپ نے دیکھا
اک شعر وہ آنکھوں میں چرالے بھی گئے ہیں

○

کچھ زمانے کی ہوائیں تیز تر ہوتی گئی
ہر کلی جو بے خبر تھی باخبر ہوتی گئی

عشق کا ہر ایک آنسو رایگاں جاتا رہا
عقل کی ہر مسکراہٹ معتبر ہوتی گئی

کوئی ساتھی راہ کا مجھ کو نہیں پہچانتا
زندگی تنہا مسافر کا سفر ہوتی گئی

وقت اک معشوقۂ رنگیں ادا، سادہ لباس
رات جب کپڑے بدل آئی، سحر ہوتی گئی

حسن کے پردے میں قایم ہے رقابت کا نظام
غیر کو دل کے دھڑکنے کی خبر ہوتی گئی

کعبہ ویراں، میکدوں میں اہلِ ایماں کا ہجوم
پہلے جو دنیا ادھر تھی وہ اُدھر ہوتی گئی
سینۂ احساس میں آتش فسردہ تھی نشورؔ
شاعری بے سوز و بے خونِ جگر ہوتی گئی

تری عنایت سے چشمِ ساقی حیات کا بانکپن ملا ہے
ہزار پیمانے توڑ ڈالے تو ذوقِ عالم شکن ملا ہے

مہکتی راتوں، بہکتی باتوں سے زندگی کا چلن ملا ہے
کسی کو عقل و خرد ملی ہے کسی کو دیوانہ پن ملا ہے

وفا سے پہلو بچانے والے ملے بریشم کے بستروں میں
وہیں پہ حق بات کہنے والا قریبِ دار و رسن ملا ہے

نظر کے جادو میں ہے وہ قوت کہ دستِ نازک اٹھا لے تیشہ
جہاں نہیں ہے غمِ محبت تھکا ہوا کوہکن ملا ہے

چمن میں کچھ دن خموش رہ کر گلوں نے پائی زبانِ نکہت
جو اس طرح کم سخن ملا ہے اسے کمالِ سخن ملا ہے

اداس ہے زیست کا نظارا نشورؔ جلتا ہے دل ہمارا
کبھی کبھی شہرِ آرزو میں چراغِ بے انجمن ملا ہے

○

نہ راستے کا پتا ہے نہ منزلوں کا نشاں ہے
میں مُڑ کے دیکھ رہا ہوں گزشتہ عمر کہاں ہے

تہی پیالہ ہے میرا، تری شراب سے بہتر
خطا معاف ہو ساقی، یہ ذوقِ تشنہ لباں ہے

محبتوں کے یہ تیور کہ بے نیاز ہے عاشق
جوانیوں کا یہ عالم کہ التفات چکاں ہے

دلِ حیات کے اندر کھٹک رہا ہے یہ نشتر
خبر نہیں کہ کہاں تک نظامِ غمزہ رواں ہے

کوئی قریب نہ آئے کہ فیضِ خاص ہے جاری
کوئی اِدھر سے نہ گزرے کہ کوئے پیرِ مغاں ہے

جب آ گئے ہو تو ٹھہرو متاعِ جاں بھی پرکھ لو
یہاں کوئی نہیں ٹھہرا، یہ کوچہ، کوئے بتاں ہے
مرا بیان، تجلّی مرا خیال، درخشاں
زمینِ شعر پہ میری، ہر ستارہ چکاں ہے
حیات ایک قدم ہے، نگاہ ایک ارادہ
سفر تمام ہو لیکن، نظر تمام کہاں ہے
نشورؔ یہ بھی کنایہ ہے اک اشارۂ غم کا
تجھے پتا نہیں ہمدم، غزل، غزل کی زباں ہے

سب ہیں اُدھر ہی حُسن جدھر ہے
جلوہ نہیں پیغام نظر ہے

کوئی نہ سمجھا راز جنوں کا
جس کو خبر ہے اس کو خبر ہے

جتنے آنسو اُتنی ہی منزل
ایک محبت لاکھ سفر ہے

کوئی نہیں ہے بزم جہاں میں
آئینہ ہے اور آئینہ گر ہے

تم نہ اُڑاؤ گردِ کدورت
یوں ہی زمانہ خاک بسر ہے

ایک فسانہ برقِ تبسم
ایک کہانی دیدۂ تر ہے
اور پلا دے ساقیِ دوراں
ہوش نہیں تو ہوش کا ڈر ہے
شعرِ نشورؔ اور طرزِ تکلم
یہ بھی متاعِ اہلِ نظر ہے

○

اک مستِ ادا کی یاد سے کچھ ٹوٹتا ہے خمارِ نیم شبی
وہ قامتِ رنگیں بنتِ عنب، وہ چشم حسیں بنت العنبی

اک دل کا محبت نام پڑا اک غم کو تغافل کہنے لگے
فطرت نے بکھیرے کچھ شعلے کچھ آگ لگی کچھ آگ دبی

ادراک مشیت ہے یہ بھی، ہم تم جو ارادہ کرتے ہیں
اسباب و علل کی یہ دنیا تفسیر جہانِ بے سببی

غم کیا ہے غموں سے ربط ہے کیا بے لوث تبسم کیا سمجھے
وہ سادہ ادا وہ سادہ نظر کیا جانے فسونِ غنچہ لبی

دنیا کی زبانیں کچھ بھی کہیں فطرت ہے نشورؔ آخر فطرت
ہے میری زباں کا طرّہ ابھی اُردو لقبی ہندی نسبی

○

مری پلکوں کو اب اشکِ غمِ دل چھو نہیں سکتا
یہ طوفاں اپنی بے تابی میں ساحل چھو نہیں سکتا

حیات اک رہ گزر اور آدمی زخمی مسافر ہے
یہ راہی آبلہ پائی میں منزل چھو نہیں سکتا

زمانہ آج بھی آمادۂ منصف مزاجی ہے
مگر کچھ سوچ کر دامانِ قاتل چھو نہیں سکتا

جہاں میں نا مکمل جلوہ اپنا دیکھیے یوں ہی
یہ وہ آئینہ ہے جس کو مقابل چھو نہیں سکتا

نشورؔ اپنی بھی طبعِ تیز سے ہشیار رہنا ہے
دمِ شمشیر کو، کوئی بھی غافل چھو نہیں سکتا

○

عشق کی طبیعت میں سادہ پن سا ہوتا ہے
ہر ستم کے آخر میں حُسنِ ظن سا ہوتا ہے
چُھپ کے مسکراتا ہے جو مری تمنا پر
غنچگانِ محفل میں کم سخن سا ہوتا ہے
شمع فکر جلتی ہے شہر دل نوازاں میں
شاعر اپنی دنیا میں انجمن سا ہوتا ہے
شام کو جمال ان کا پرتوِ مہ و انجم
رات کو خیال ان کا گُل بدن سا ہوتا ہے
مے کدہ میں دیکھا ہے مے گسار کو تو نے
اک کلی اُٹھاتا ہے اور چمن سا ہوتا ہے

اصل شے سہارا ہے درد و غم کی دنیا میں
آدمی وطن میں بھی بے وطن سا ہوتا ہے
چارہ گر نشورؔ اپنا سوز و ساز کیا جانے
دل کا ایک عالم بھی دل شکن سا ہوتا ہے

نہ تبسم نہ تکلم نہ ادا ہوتی ہے
یہ بھی اک وقت ہے، رنگیں جو فضا ہوتی ہے

قتل گہہ کچھ نہیں اے دوست مگر یہ کہ وہاں
آخری رسم محبت کی ادا ہوتی ہے

دوش پر چاند ستاروں کے نکھرتا ہے جمال
رات صدیوں میں کہیں زلفِ دوتا ہوتی ہے

خیمۂ گل میں کہاں فطرتِ رنگیں کو قرار
نکہت آوارہ ہے، بدنام صبا ہوتی ہے

جو کہا آہِ سحر گہہ نے وہی ہو کے رہا
بےکسی اپنی پیمبر کی دعا ہوتی ہے

کچھ زمانہ بھی موافق نہیں شاعر کے نشور
خلق بھی دشمنِ ہر تازہ نوا ہوتی ہے

○

ذوقِ غم بھی ساغرِ عصرِ نو میں ڈھل گیا
زندگی کے نام سے آدمی بدل گیا

بزم میں ہمیشہ ہے زندگی کی لَو مگر
یہ چراغ بُجھ گیا، وہ چراغ جل گیا

گوشۂ نگاہ میں زندگی جواں ہوئی
گیسوؤں کی چھانو میں انقلاب پل گیا

میری ان کی دوستی عکس و آئینہ سمجھ
سامنا ہوا مگر رُخ بدل بدل گیا

وقت کو بُرا نہ کہہ انتظار شرط ہے
ہر ندی جواں ہوئی، ہر پہاڑ ٹل گیا

مجھ کو فکرِ شعر سے کچھ ملا نہیں مگر
غم زدہ تھا دل نشورؔ شعر میں بہل گیا

صدہا گلستاں ان کی نظر میں
یاں ایک دامن وہ بھی تہی ہے

○

اپنی بھی داستان محبت یوں ہی چلی
کچھ دن وہ ملتفت نہ ہوئے بے رُخی چلی

گزرا تھا اُس گلی سے کہ زخمی ہوئی حیات
جانے کہاں سے پھول گرے پنکھڑی چلی

کہنے کو بے وفا ہے نسیمِ سحر مگر
مُڑ مُڑ کے وہ بھی سوئے چمن دیکھتی چلی

تاریک تر ہیں کوچۂ مشرق کے پیچ و خم
روشن ہوا جہاں تو ادھر روشنی چلی

آخر کو منزلِ غمِ دوراں میں رہ گئی
دو چار گام ساتھ مرے زندگی چلی

جب راہرو سنبھل کے اُٹھانے لگے قدم
رہبر سمجھ گیا کہ مری رہبری چلی
پھولوں کی انجمن کا وہاں ذکر کیا نشورؔ
کانٹوں پہ پا تو رکھ کے جہاں زندگی چلی

○

کوئی سمجھا رموزِ دلبری کم
وہ ظالم اجنبی اور اجنبی کم
ابھی کچھ کہتے کہتے رک گئے وہ
کلی جیسے کھلی، لیکن کھلی کم
یہ کیا ہے اے خدائے عشقِ جاں سوز
محبت دی زیادہ، زندگی کم
یہ توبہ اور توبہ کی نمایش
غرورِ بندگی ہے، بندگی کم
نشورؔ اس دور کا فن بھی ہے جاں کاہ
گراں باری زیادہ، شاعری کم

○

بُتانِ دورِ سیاست سے ربط کم ہے یہاں
خودی کا کوئی تصور بھی ہو صنم ہے یہاں
سوائے شوق نہیں کچھ بھی عرض کے قابل
حضورِ دوست ہر اک جلوہ متہّم ہے یہاں
نوائے اوجِ انا بھی اک ابتدائے شعور
مقامِ دار و رسن اولیں قدم ہے یہاں
مری نگاہ کا اک گوشہ دانشِ حاضر
جہان و رازِ جہاں، اک جزوِ غم ہے یہاں
زمانہ ویسے تو مخلوق ہے مری بھی طرح
مگر وہ خالقِ اسباب کیف و کم ہے یہاں

○

ہے میرے گناہوں پر رحمت کی گھٹا چھائی
یا جانیے قدرت کو کیا بات پسند آئی

بیدار تھیں جو آنکھیں کچھ ان کو بھی نیند آئی
ہیں شام کے کاجل سے صبحیں ابھی کجلائی

گل چاک گریباں ہیں بادِ سحری شاید
دیوانوں کی محفل سے اک بات اڑا لائی

اُس بزم تغافل میں شکوہ مرا کام آیا
میں جا کے منا لایا روٹھی ہوئی تنہائی

خود اس کی تجلی بھی ہے محوِ سفر شاید
آئینہ بہ آئینہ یکتائی بہ یکتائی

جیسے کوئی مدہوش ہو کچھ، مائلِ خمیازہ
یوں ہی یہ تمنا ہے توڑے ہوئے انگڑائی
انجامِ وفا یہ ہے جس نے بھی محبت میں
مرنے کی دعا مانگی جینے کی سزا پائی
ملتا ہے نشورؔ اکثر اک فکرِ گل افشاں میں
باقی ہے ابھی جیسے ذوقِ چمن آرائی

○

اک کشمکشِ غم ہے اور شوق کی منزل ہے
دامن بھی بچانا ہے شعلہ بھی مقابل ہے

آنکھوں میں ستارے ہیں وقتِ خلشِ دل ہے
دن ہو تو گزر جائے رات آئی تو مشکل ہے

ہستی ہے سفر لیکن احساس نہیں ہوتا
ہر سانس مسافر ہے رستہ ہے نہ منزل ہے

مجروحِ غمِ دوراں فریاد کرے کس سے
زخمی ہے جہاں دنیا خنجر ہے نہ قاتل ہے

جوشِ گل و گلشن میں یہ رنگ کہاں ہوتا
جیسے کہ لہو میرا اس رنگ میں شامل ہے

یوں تیز قدم چلنا آساں تو نہیں لیکن
منزل پہ جو پہنچا ہے آوارۂ منزل ہے

ہر گوشۂ ارماں میں غم اور ہجومِ غم
تم اس میں کہاں آئے یہ انجمنِ دل ہے

الفاظ و عبارت میں شاید کوئی پہچانے
شاعر ہی نشورؔ اپنے اشعار کا حاصل ہے

شبِ غم مری شبِ غم سرِ شام لوٹ آنا
نہ کہیں ترا ٹھکانا نہ کہیں مرا ٹھکانا

کوئی آج تک نہ سمجھا کہ شباب ہے تو کیا ہے
یہی عمر جاگنے کی، یہی نیند کا زمانا

جو ذرا سی آنکھ کھولی تو ہزار حشر دیکھے
یہ خودی جو سو رہی ہے اسے اب نہ پھر جگانا

○

جلوؤں کو سمیٹے ہوئے وہ رُخ کے چلے کیوں
جادو ہے مگر اُن گھنی پلکوں کے تلے کیوں

اب اوج پہ آئے ہیں امیدوں کے ستارے
اے گیسوئے شب رنگ ابھی رات ڈھلے کیوں

دولت سے بُری چیز ہے دولت کی نمائش
یہ خونِ خلایق ہے تو چہرہ پہ ملے کیوں

نیکی و بدی میں بھی کوئی ربط ہے گہرا
وہ دھوپ بھی چھاؤں سے ملتی ہے گلے کیوں

آنسو ہیں نشورؔ ان کے مقابل میں مجھے سے
اُن کے رُخِ روشن کے قریں شمع جلے کیوں

○

یہ طرزِ تغافل ہے یا حُسنِ عنایت ہے
وہ شکوہ نہیں سنتے آہوں کی اجازت ہے

ہم ان کو بلائیں کیوں اچھا ہے خفا ہیں وہ
آئیں تو قیامت ہے جائیں تو قیامت ہے

پھر دیدۂ پرنم پر مائل بہ تبسم ہیں
پروردۂ گلشن ہیں کلیوں کی سی عادت ہے

رگ رگ میں محبت کی کم کم ہے لہو لیکن
دل اب بھی دھڑکتا ہے دیوانہ سلامت ہے

نقّاد سے دلبر سے احباب سے، دنیا سے
شاعر کو نشورؔ آخر کس کس سے شکایت ہے

○

بار بار کلیوں میں غنچگی نہیں آتی
اک ہنسی تو ممکن ہے دوسری نہیں آتی

حسن و عشق دونوں ہی ہیں گرفت میں دل کی
غم کی گرم باہوں کو نازکی نہیں آتی

کچھ نہیں تو کلیوں کو مسکرا کے چھیڑیں گے
ان حسین ہونٹوں کو خامشی نہیں آتی

ایک قطرہ آنسو بھی ضبطِ غم سے باہر ہے
زندگی کے دامن میں زندگی نہیں آتی

بزم میں بکھیرے ہیں آفتاب کے ٹکڑے
دن کی بات کرتا ہوں رات کی نہیں آتی

موت کا گزر کیا ہے بزم ہوشمنداں میں
آنکھ ہے کھلی جب تک نیند بھی نہیں آتی

مے کدہ پکارے ہے چھُپ کے پینے والوں کو
بے شریکِ پیمانہ مے کشی نہیں آتی

ہے نشورؔ ہر لمحہ مغتنم محبت کا
جو گھڑی گزرتی ہے پھر کبھی نہیں آتی

حسن کو دیکھا ہے اکثر تو نے عریانی پسند
فطرتِ ہر شاخ تازہ ہے گل افشانی پسند

کتنے آئینے لگائے ہیں خیالِ دوست نے
دل میں اک تصویر ہے ہر لمحہ حیرانی پسند

ہر قدم پر ایک لغزش ہر نظر اک مرحلہ
دل کو کیا کہیے کہ ہے ہر لحظہ نادانی پسند

ہے غزل گوئی نشورؔ اک زندگانی کا گداز
شاعری خونِ جگر دنیا زباں دانی پسند

○

شب خمار نگہ یار تک آ پہنچی ہے
گفتگو ساغرِ سرشار تک آ پہنچی ہے

رنگ چہرے کا بتاتا ہے کہ دل کی وہ آنچ
ہلکی ہلکی ترے رخسار تک آ پہنچی ہے

تجھ سے بے گانہ نہیں دل میں تری یاد مگر
یہ محبت ہے جو انکار تک آ پہنچی ہے

کتنے رنگین فسانوں کا بنی ہے عنواں
وہ شکایت جو لبِ یار تک آ پہنچی ہے

نکہتِ گُل نے اُٹھا شور سا گلزاروں میں
اب یہ زنجیر بھی جھنکار تک آ پہنچی ہے

اب تو اس کوچہ میں بھی چین نہیں اے غمِ دل
آگ اک سایۂ دیوار تک آپہنچی ہے

جب کوئی رازِ محبت کا ہوا ہے افشا
بات کھنچتی ہوئی تلوار تک آپہنچی ہے

میرے افسانے بھی دنیا کی زبانوں سے سنو
بے زبانی مری گفتار تک آپہنچی ہے

آج سچّا نہیں شاعر کے سوا کوئی نشور
شاعری عظمتِ کردار تک آپہنچی ہے

○

رنگ کلی کا اُڑ چلے گُل کا خمار چھوٹ جائے
وہ جو چمن فروز ہوں نبضِ بہار چھوٹ جائے

بادۂ سوز و ساز بھی جرُعہ بہ جرُعہ چاہیے
ایسی بھی بے خودی نہ ہو دامنِ یار چھوٹ جائے

وہ جو چلیں تو ساتھ ہوں انجم و ماہ و کہکشاں
پیچھے کہیں ہجوم میں فصلِ بہار چھوٹ جائے

رہبرِ منزلِ خرد ایسی بھی کیا ترقیاں
ہونٹ سے گر پڑے ہنسی آنکھ سے پیار چھوٹ جائے

قافلۂ سخن خجل اپنی نظر کی چوک پر
راہ میں فطرتِ نشورؔ نادرہ کار چھوٹ جائے

کون ہیں ہم اکیلے راہی کیا جانیں بے چارہ لوگ
رونقِ کوئے لالہ رُخاں ہیں ہم ہی کچھ آوارہ لوگ

چلتے پھرتے راہ گزر میں دیکھ لیں اس رہزن کو اگر
میر اگریباں چھوڑ کے اپنا دامن کر لیں پارہ لوگ

کہتے ہیں ہم عصر ہمارے نغمہ بھی دانش ہے لیکن
شعر و غزل کا نام نہ لینا شاعر ہیں آوارہ لوگ

بحرِ رواں کی موجیں گننا نام اسی کا جینا ہے
بھول گئے آغاز محبت لہر گئیں دو بارہ لوگ

شام سے اپنی تیرہ شبی پر جب بھی آہیں کی ہیں نشور
شمع جلا کر، شمع بجھا کر، سو نہ سکے مہ پارہ لوگ

○

غم زدہ ہوں مجھ کو ہے طرزِ سکونِ دل بہت
ورنہ ہیں اے ہم نشیں اس شہر میں قاتل بہت
زُلف شبگوں روئے رنگیں اور نگاہِ دلنواز
ایک ہی تصویر میں ہیں دشمنانِ دل بہت
ہر تجلی اک تواضع ہر تبسم اک لگاؤ
پھر بھی ہے اے دوست احساسِ شکستِ دل بہت
یں سفالِ عصرِ حاضر کا نہیں ذوق آشنا
یا مرے ساغر میں ہے صہبائے مستقبل بہت
زندگی تھی تازہ دم شورِ تلاطم تک نشورؔ
رُک گیا طوفاں تو اب خاموش ہے ساحل بہت

○

بیک نظر یہ حقیقت سمجھ میں آئی ہے
حیات کچھ بھی نہیں، اپنی دلربائی ہے
جھکی ہوئی ہے وہ زلفِ سیاہ آنکھوں پر
گھٹا یہاں بھی کسی مے کدہ پہ چھائی ہے
وہی فریب ہے گندم کا اور وہی آدم
اگرچہ میں نے یہ جنت نئی بنائی ہے
اُس انجمن میں رہا اور انھیں سے مل نہ سکا
ہجومِ انجمنِ ناز کی دُہائی ہے
نگاہِ ساقیِ نامہرباں کا طور نہ پوچھ
جہاں گئی کوئی پیمانہ توڑ آئی ہے
نشورؔ مست نگاہوں کا راز کیا کہیے
ان انکھڑیوں نے کسی کی غزل چُرائی ہے

رہِ جنون و خرد تم نے روک رکھی ہے
نگاہ بھی مہ و انجم نے روک رکھی ہے
ہزار بار خزاں آئی اور گئی ناکام
بہار تیرے تبسم نے روک رکھی ہے
ہنسی لبوں پہ تو آنکھوں میں شوق کی برسات
کبھی تو ہم نے کبھی تم نے روک رکھی ہے
جو دوستی کی روش رہ گئی تھی دنیا میں
وہ زندگی کے تصادم نے روک رکھی ہے
نجات سب کے لیے تھی مگر بہشت بریں
فریبِ دانۂ گندم نے روک رکھی ہے
فلک پہ چاند ستارے ٹھہر گئے ہیں نشورؔ
یہ رات میرے ترنم نے روک رکھی ہے

○

جلوہ اپنی ذات کی رعنائیوں کا نام ہے
زندگی شاید انھیں تنہائیوں کا نام ہے

زلف و رُخ، شام و سحر، حسنِ تخیّل، ذوقِ شعر
شاعری بکھری ہوئی رعنائیوں کا نام ہے

ہے شبابِ زندگی بھی آمدِ فصلِ جنوں
حسن موسم ہے ادا پُروائیوں کا نام ہے

خاک کے پردے پہ ہے رنگِ تجلی کی نمود
زندگی چلتی ہوئی پرچھائیوں کا نام ہے

شعلہ معمورِ نگاہ و جلوہ مخلوقِ خرام
حسن بھی مجبور سی انگڑائیوں کا نام ہے

کائنات اک رازِ عریاں ہے کہ حسنِ کائنات

سطح پر آئی ہوئی گہرائیوں کا نام ہے

دل کے ہنگامے سے ہے رنگِ تغزل بھی نشورؔ

غم بھی گویا انجمن آرائیوں کا نام ہے

مشیّت

گُل و شاخِ گُل کو رنگِ مئے خام دے دیا ہے
جسے کچھ نہیں ملا تھا اسے جام دے دیا ہے

کہیں آرزوئے مبہم، کہیں دردِ ہجرِ پیہم
مری ہر ادائے غم کو، کوئی نام دے دیا ہے

ہے امانتِ تجلی یہ ہجومِ ماہ و انجم
کہ سحر نے نور اپنا سرِ شام دے دیا ہے

ستمِ حیات دیکھو کہ بجائے سروِ گلشن
کسی فتنۂ قیامت کو خرام دے دیا ہے

یہ صبا کے نرم جھونکے اسے پھر سنا رہے ہیں
مری خاکِ بے وطن نے جو پیام دے دیا ہے

مجھے دی ہے ایک قسمت میں بناؤں یا بگاڑوں
جسے جو دیا ہے اُس نے بہ تمام دے دیا ہے

کسی جزو کو چمن میں نہیں بے نصیب چھوڑا
گُل و غنچہ و صبا کو، کوئی کام دے دیا ہے

سفرِ حیاتِ غم میں یہی فن ہے میرا توشہ
مجھے کچھ نہیں دیا تھا تو کلام دے دیا ہے

کُل میکدہ تشنۂ کام سا ہے
ساغر میں خدا کا نام سا ہے
عالم میں کہاں سکونِ خاطر
دل سینے میں بے مقام سا ہے
گہری ہوئی رات اور گہری
پیمانے میں رنگِ شام سا ہے
ساقی ہے اُداس، دور آخر
منظر بھی شکستِ جام سا ہے
توبہ کا ابھی سے یہ ارادہ
کچھ نیتِ شب حرام سا ہے

ہے عمرِ صبا کا ایک حصّہ
ہر غنچہ سبک خرام سا ہے
ہم دیکھیں تو ایک جرمِ وحشت
وہ دیکھیں تو قتلِ عام سا ہے
ہر ذرّہ نشورؔ ہے سفر میں
کہنے کو یہاں قیام سا ہے

○

نورِ قمر نے میرے لیے اک رشکِ قمر کو روک لیا ہے
اولِ شب سے آخرِ شب تک، جس نے نظر کو روک لیا ہے
ان کے خرامِ ناز کے آگے تھم سی گئی ہے گردشِ عالم
زلفِ حسیں نے، نورِ جبیں نے شام و سحر کو روک لیا ہے
تم نے بنائے لاکھوں شیشے عکس کسی میں بھی نہیں ٹھہرا
دل نے بنا کر آئینۂ غم، آئینہ گر کو روک لیا ہے
پی کے بہکنا کوئی نہیں ہے فکرِ نگوں کا نام ہے مستی
شیشۂ مے کرنے قافلہ ہائے فکر و نظر کو روک لیا ہے
اپنا نشورؔ انداز جدا ہے فکر حسیں سے آہِ رسا تک
ہم نے فضائے لالہ و گل میں برق و شرر کو روک لیا ہے

○

سازِ شکستہ کیا ہے ابھی تم کو کیا خبر
دورِ خزاں ہے موجِ تبسم کو کیا خبر
آنسو کب آگئے ہیں محبت کو کیا پتا
کشتی میں کون ہے یہ تلاطم کو کیا خبر
آواز کس کی ہے پسِ آئینہ کون ہے
ان طائرانِ مشقِ تکلم کو کیا خبر
اب کوئی موج سر بھی اٹھاتی نہیں نشورؔ
دریا ہی سو گیا ہے تلاطم کو کیا خبر

غزل بر طرح غالب

جشن غالب منعقدہ لال قلعہ دہلی ماہ فروری ۱۹۶۹ء

حُسن کو عشق کے انداز سکھائے نہ بنے
آخرِ شب کوئی روٹھے تو منائے نہ بنے

دل کے ہر راز کا اظہار تو کب ہے ممکن
سو رہی ہو کوئی حسرت تو جگائے نہ بنے

تنگ دامانیٔ گلچیں ہے یہاں تک مشہور
پنکھڑی ان سے گلستاں کی اُٹھائے نہ بنے

اُن کے دامن کی ہواؤں نے کیا ہے مدہوش
ہوش آتا ہے مگر ہوش میں آئے نہ بنے

کیا خبر جشنِ مۓ ناب کی غالبؔ کو نشورؔ
ایسا سویا ہے یہ شاعر کہ جگائے نہ بنے

○

یہ آنسو جو پلکوں پہ آئے ہوئے ہیں
ستارے یہاں سر جھکائے ہوئے ہیں
کرن پھوٹتی ہے لب و زلف و رُخ سے
تمام آئینے جگمگائے ہوئے ہیں
خیالوں کی دنیا بھی اک زندگی ہے
وہ آئے نہیں اور آئے ہوئے ہیں
وہ کوئے حرم میں تو ہم مے کدہ میں
چراغ اپنا اپنا جلائے ہوئے ہیں
گلوں کی طرح ہم اسیرانِ گلشن
خود اپنے لہو میں نہائے ہوئے ہیں
نشورؔ ان دنوں شعر گویانِ عالم
خیالاتِ سطحی سجائے ہوئے ہیں

○

یوں ہیں میرے شعروں میں جھلکیاں خیالوں کی
آئینہ میں شکلیں ہوں جیسے خوش جمالوں کی

نیم شب کے افسانے چشمِ یار سے پوچھو
رات اک کہانی ہے کچھ قمر جمالوں کی

انتظار کے لمحے جام ہیں تصوّر کے
خالی ہوتی جاتی ہیں بوتلیں خیالوں کی

فلم ہو کہ صنعت ہو شعر ہو کہ نغمہ ہو
ہر طرف خوشامد ہے چند حُسن والوں کی

ہے نشوؔر دنیا میں اہلِ فن کی پامالی
کون بات پوچھے ہے ہم سے خستہ حالوں کی

○

مرے کلام کو دانش کی اک سحر سمجھو
نئی کرن پہ جھجکتی ہوئی نظر سمجھو
میں آنے والے تغیر کی چاپ سُنتا ہوں
زمانے والوں کو دنیا سے بے خبر سمجھو
تمھارے ساتھ چلے گا ہر ایک دورِ حیات
سفر ہے شرط زمانے کو ہم سفر سمجھو
ہر اک نگاہ میں کالم ہیں چند خبروں کے
کہے یہ کون پیامِ دل و نظر سمجھو
حیات دورِ عوامی کی خود نگہباں ہے
بہت طویل کہانی کو مختصر سمجھو

غزل بر طرح اقبالؔ

مجوزہ آل انڈیا ریڈیو لکھنؤ

اس قدر زخمی ہے کچھ روحِ نگارِ حیات
سسکیاں بھرتا ہے دن کروٹیں لیتی ہے رات

قافلۂ عقل کو راستا ملتا نہیں
کاہکشاں کے قریب رُک گئی چلتی رات

رہ گزارِ وقت پر نقشِ قدم بے شمار
جیسے مسافر ہے دن ویسے مسافر ہے رات

ذائقۂ زہرِ غم نے میں تھا شامل مگر
بھولتی جاتی ہے زیست تلخیِ جامِ حیات

رکھ نہ سکا میں کبھی نام خزاں کا بہار
کہہ نہ سکا میں کبھی مصلحتاً دن کو رات

ہر چمن رنگ و بو تشنہ بیانِ رموز
ہر کلی گلزار کی ایک ادھوری سی بات
نغمہ و رقص و سرود میری تجلی کا نام
عکس سے میرے حسیں آئینۂ شش جہات
میرے سوا کچھ نہیں لفظ و بیاں میں نشورؔ
شعر کے ملبوس میں جلوہ فگن میری ذات

محبت ساتھ چلتی ہے تو را ہیں جگمگاتی ہیں
قدم رکھتا ہوں میں، دیپک جلاتے جا رہے ہیں وہ

○

اک وحشتِ دل اک حیرتِ غم
کیا ہو گیا ہے واللہ اعلم

ہر چیدہ گیسو اُن کا سراپا
شامِ مقیّد صبحِ مجسّم

وہ دیکھتے ہیں کس کس ادا سے
آئینہ رکھ کر اپنا ہی عالم

رحمت سے اس کی نزدیک ہو جا
دامن بھگو لے اے چشمِ پُرنم

آہٹ سی آئی ان کے قدم کی
اے غم ذرا رک، اے دل ذرا تھم

فرصت ہے کس کو جو سننے آئے
شعرِ نشورؔ اور افسانۂ غم

○

مرے غم کی کسک کچھ قلبِ شب میں پائی جاتی ہے
غزل میری ستاروں کے چمن میں گائی جاتی ہے

ہے تہذیبوں کا کچھ ایسا تصادم عصرِ حاضر میں
کہ جیسے روشنی سے روشنی ٹکرائی جاتی ہے

نہ عزم کوششِ پیہم نہ ذوقِ شعلہ و شبنم
یہ جینا کیا ہے اک جینے کی عادت پائی جاتی ہے

سرک کر آگئیں زلفیں جو ان مخمور آنکھوں تک
میں یہ سمجھا کہ مے خانے پہ بدلی چھائی جاتی ہے

○

محفلیں سونی سی ہیں ہم بے قراروں کے بغیر
شاخِ گل افسردہ ملتی ہے بہاروں کے بغیر

بے نیازِ اشکِ غم ملتا نہیں احساسِ غم
کہکشاں کا کیا تصور ہے ستاروں کے بغیر

بادہ و پیمانہ ہم سے ہے ہمیں مے خانہ ہیں
ایک ساقی کیا کرے گا مے گساروں کے بغیر

ہر کمالِ زندگی کو اک نمونہ چاہیے
ہے ادب بے مایہ میرے شاہ کاروں کے بغیر

ساحلوں سے دور ہو کر موجِ دریا کیا نشورؔ
شاعری مبہم ہے موزوں استعاروں کے بغیر

ہم اپنی کہانی کے علامات نہ سمجھے
انسان ہی تنہا ہے یہی بات نہ سمجھے
دنیا سحر و شام کی بستی سی ہے لیکن
ایسی بھی گھڑی آئی کہ دن رات نہ سمجھے
سو بار ملے اُن سے بہ اندازِ دگر ہم
اور وہ ہیں کہ تقریبِ ملاقات نہ سمجھے
ہر نالہ ہے بے کار تو ہر شکوہ ہے بے سود
معشوق وہی ہے جو کوئی بات نہ سمجھے

غم نے تیرے شبِ غم دل کو سنبھلنے نہ دیا
اشکِ سوزاں نے چراغوں کو بھی جلنے نہ دیا

میرے مے خانے کی ہر شام جواں ہے اے دوست
رات کو موجِ مئے ناب نے ڈھلنے نہ دیا

خوں کی تحریر میں فتنوں کے قلم ٹوٹ گئے
حادثوں نے نئی دنیا کو سنبھلنے نہ دیا

ایک ہی سحر تھا اس زلفِ سیہ کا جس نے
اور جادو کوئی اس دور میں چلنے نہ دیا

ہر گلی جھانکتے چلیے کہ مشیّت نے کبھی
ایک رستے پہ کسی شخص کو چلنے نہ دیا

○

قسمتِ زندگی کو روئے ہوئے
ایک قطرہ میں غم سموئے ہوئے

صبح دم قاتلوں کو دیکھیے گا
خون سڑکوں سے شب کا دھوئے ہوئے

شہر اک پاگلوں کی بستی ہے
جس کو دیکھو وہ ہوش کھوئے ہوئے

ہم اُگیں گے ہوائے ہند کے ساتھ
ہم ہیں اس سرزمیں میں بوئے ہوئے

شعر کہتے رہے ضرور نشورؔ
غم میں اپنے مگر تھے کھوئے ہوئے

پھول بھی توڑ چکے روند چکے کلیوں کو
آنے والی نئی صبحوں کو کچلتے نہ بنے

جس طرف دیکھیے کانٹوں کی بچھی ہے چادر
صحنِ گلشن میں ہواؤں سے بھی چلتے نہ بنے

ہم نوا شہرِ نگاراں ہو کہ بزمِ اقوام
عشق میں کوئے ملامت سے نکلتے نہ بنے

وقت سے پہلے بدل جاؤ تو اچھا ہے نشورؔ
غم کے طوفانوں میں انساں سے سنبھلتے نہ بنے

○

سمجھے گی دنیا بعد از زمانہ
دل اک حقیقت، باقی فسانہ
شامِ جوانی کوچہ بہ کوچہ
زلفوں کی راتیں شانہ بشانہ
کس مے کدہ میں جاگے ہو شب بھر
پلکیں گلابی آنکھیں شبانہ

○

بادہ و پیمانہ ہے مملکتِ خشک و تر
شیشے میں ارض و سما جام میں شام و سحر

غم بھی بھٹکتا رہا دل بھی دھڑکتا رہا
زندگی ٹھہرے کہاں زیست سفر ہی سفر

ان کا تکلّم حسیں ہاں کہیں وہ یا نہیں
بات تو کچھ بھی نہ تھی یاد رہی عمر بھر

شکوہ و لطف و عتاب دل سے سوال و جواب
قافلے غم کے گئے رہ گئی اک چشمِ تر

مجرمِ شہرِ شعور ایک جنابِ نشورؔ
پوچھے ہے کس کو بلا، ہے یہی شاعر کا گھر

متفرق

کوئیٔ دامن میں پھر گلہائے اُردو لے کے آیا ہے
دکن سے جو بھی آیا ہے وہ خوشبو لے کے آیا ہے
ہزاروں خواب سوتے جاگتے ہیں ان کی آنکھوں میں
ہجومِ مہوشاں ہے شامِ گیسو لے کے آیا ہے
نشوؔر اربابِ دنیا کی شکایت کیا کہ ہر شاعر
براتِ عاشقاں بر شاخِ آہو لے کے آیا ہے

سماج کا ایک رُخ

اک دنیا کاغذ کی بھی ہے فرمان ہیں اور تحریریں ہیں
اک مجلس لفظوں کی بھی ہے بے معنی سی تقریریں ہیں

اک گوشہ رندوں کا بھی ہے ساقئ صہبا پیمانوں کا
اک حلقہ مذہب کا بھی ہے نفرت سے بھری تکفیریں ہیں

باطل کی کئی دنیائیں ہیں ظاہر کے پرت باطن کی تہیں
بے لفظ کی کتنی نظمیں ہیں بے آیت کی تفسیریں ہیں

یہ محفل شعر و سخن کی ہے یا حزب مخالف کا دفتر
نعروں کے سہارے چلتی ہوئی منظوم سی کچھ تقریریں ہیں

تصویریں اپنی رنگ ہمیں بھرتے ہیں نشورؔ افسانوں کا
دنیا کی حقیقت کچھ بھی نہیں کچھ خواب ہیں کچھ تعبیریں ہیں

متفرق

ایک رات آتی ہے ایک رات جاتی ہے
گیسوؤں کے سائے میں کس کو نیند آتی ہے

ہاتھ رکھتی جاتی ہے یاس دل کے داغوں پہ
میں دیا جلاتا ہوں وہ دیا بجھاتی ہے

نام پڑ گیا اس کا کوچۂ حرم لیکن
یہ گلی بھی اے زاہد مے کدے کو جاتی ہے

○

حرفِ مستی بہ وداعِ لب بیگانہ سہی
بادہ گل ریز ہے پیمانہ بہ پیمانہ سہی

حاصلِ مے کدۂ عشق ہے آگاہ روی
ہوش کے راز کا محرم ہو تو دیوانہ سہی

ہے پسِ پردۂ آلام اُمیدوں کی جھلک
کچھ تو ہے میرے تخیّل کا صنم خانہ سہی

کوئی ساماں نہیں ایسا کہ مژدہ ہو برہم
رات کا وقت ہے بھولا ہوا افسانہ سہی

موجِ صہبا سے بھی افکار سنورتے ہیں نشورؔ
آدمی آدمی ہو مشربِ رندانہ سہی

حسن کی تنہائی

آئینہ ہے اور تنہائیاں ہیں
شانہ بہ شانہ رعنائیاں ہیں
پہلو بدلتے ہیں وہ ادا سے
ٹوٹی ہوئی سی انگڑائیاں ہیں
مہکی ہوئی سی شامِ الم ہے
گیسو بہ گیسو تنہائیاں ہیں

○

بہاریں ہیں تو پھر گلشن کھلیں گے
زوالِ رنگ و بو بھی کچھ نہیں ہے
گلاب و عطر ہے ان کا پسینہ
مگر میرا لہو بھی کچھ نہیں ہے
نہ آنسو ہیں نہ صہبائے کہن ہے
ترا زاہد وضو بھی کچھ نہیں ہے
ہمیں دشمن نشورؔ اپنے ہیں ورنہ
عدو کیا ہے عدو بھی کچھ نہیں ہے

رات کے گیسو کمر تک آ گئے ہیں

پھر ستارے چشمِ تر تک آ گئے ہیں

جانے اک ساغر میں کتنے خواب تھے،

نیند کے جھونکے سحر تک آ گئے ہیں

اک نگاہِ مختصر سے ہم نشورؔ

اک بیانِ مختصر تک آ گئے ہیں

○

انتظارِ صبح میں ساقی نہ رکھ خالی یہ جام
کون جانے مے کدہ کی صبح بہتر ہے کہ شام
صبح کی تکمیل کرنا چاہتا ہے رنگِ شام
زندگی حسنِ تمام و ہر تجلّی ناتمام
کعبہ والے جب ملے انکاریِ حسنِ عمل
تازہ پیغامِ خدا آیا صنم خانوں کے نام
شعر بے سرمایۂ دنیا ہے بے معنی نشورؔ
شاعرانِ محترم بھی آج ہیں بے احترام

○

یوں ہی قسمت کا یہ افسانہ رہے گا کچھ دن
خالی خالی مرا پیمانہ رہے گا کچھ دن

جس کو کہتے ہیں خدا حسنِ بتاں تھا پہلے
کعبہ کوئی ہو صنم خانہ رہے گا کچھ دن

جام ہے بادہ نہیں، بادہ ہے اور جام نہیں
رنجِ بے ربطیٔ مے خانہ رہے گا کچھ دن

بزمِ تحقیقِ مقالات میں اردو کا ادیب
ہر بھی شمع کا پروانہ رہے گا کچھ دن

یہ گزرتی ہوئی شب یاد رہے گی ان کو
رات کا سایہ پسِ شانہ رہے گا کچھ دن

زخم خوردہ ہے محبت کا جو بے چارہ نشورؔ
ہوش میں آکے بھی دیوانہ رہے گا کچھ دن

○

اعتمادِ دوست ہے دشمن مرا
پوچھتے ہیں سب مرے قاتل کا نام

ان حجابوں میں کوئی دل بر نہیں
چل رہا ہے کچھ دنوں محمل کا نام

عشق اپنی ذات کا گہرا شعور
عاقل اپنی ذات سے غافل کا نام

چاند تارے نقش پائے بے حسی
آدمی احساس کی منزل کا نام

حال بھی ہے شیشۂ خالی نشورؔ
جی رہا ہوں سن کے مستقبل کا نام

○

ہم بھی ہیں ان جرأت ایجادوں کے بعد
حافظ و سرمد سے آزادوں کے بعد

عشق ہے جلتے دلوں کا کارواں
کچھ نہ یاد آیا تری یادوں کے بعد

پھولتی پھلتی ہے تاریخِ جنوں
نغمہ برلب ہوں میں فریادوں کے بعد

اک مسلسل بے وفائی ہے حیات
شاد ہے غم کتنے ناشادوں کے بعد

روحِ مستقبل ہوں میں شاید نشورؔ
میں غزل پڑھتا ہوں استادوں کے بعد

تنہا نہیں ہوں وقت کی تنہا روی میں بھی
بادِ صبا کا ساتھ ہے آوارگی میں بھی
کیا دیکھتا ہے خندۂ گلہائے بے ثبات
خونِ جگر کا رنگ ہے اپنی ہنسی میں بھی
کتنے حسین آئینہ تک جا کے کھو گئے
دل کا معاوضہ نہ ملا دل بری میں بھی
کچھ اس قدر جہاں میں مصائب کا تھا ہجوم
میں زندگی سے مل نہ سکا زندگی میں بھی

○

لرزشِ غم میں سکونِ دل کہاں
جو اٹھا طوفاں تو پھر ساحل کہاں
اشکِ خوں آکر مژہ پر رک گیا
دل ٹھہرتا ہے مگر منزل کہاں
قتل گہہ میں ڈھونڈھتا ہے تو کسے
ہاتھ میں تلوار ہے قاتل کہاں
وقت اسیرِ گیسو و رُخ کب رہا
غم میں صبح و شام کی منزل کہاں
دعوتِ عیش زمانہ اور نشورؔ
شاعرِ غم دیدہ اس قابل کہاں

○

تری رگوں کا لہو بھی چمن کے کام آئے
چراغ وہ کہ جلے انجمن کے کام آئے

کسی مژہ سے ٹپکنا بھی کام ہے لیکن
لہو وہی ہے جو ارضِ وطن کے کام آئے

کلی نے پھیر لیا مسکرا کے منہ لیکن
یہی پڑے ہوئے کانٹے چمن کے کام آئے

رہِ وفا میں تو سب کچھ لٹا دیا ہم نے
یہاں تو وہ بھی نہیں جو کفن کے کام آئے

اب ایسی تیز ہوا کا ہے انتظار نشورؔ
جو لالہ و گل و سرو و سمن کے کام آئے

اے گوشہ نشینانِ زیارت گہہِ تہذیب
نکلو کہ یہاں فصلِ جنوں اب بھی کھڑی ہے
ہر لحظہ یہاں تُلتے ہیں اعمال شب و روز
ہر لمحہ یہاں جیسے قیامت کی گھڑی ہے
شاعر ہے نشورؔ آج زمانے کا پیمبر
خاموش کہ اس دور میں یہ بات بڑی ہے

عزیز قیسی

کا منفرد مجموعہ کلام

گرد باد

(بین الاقوامی ایڈیشن)

منظر عام پر آچکا ہے

رؤف خلش

کا چوتھا مجموعہ کلام

شاخسانہ

(بین الاقوامی ایڈیشن)

منظر عام پر آچکا ہے